Workbook

for Introduction to Biblical Hebrew

This workbook is meant to be used with Lee Roy Martin's *Introduction to Biblical Hebrew* (Fourth Edition), published by CPT Press, Cleveland, TN 2018, ISBN-13: 978-1-935931-74-4.

WORKBOOK

FOR

INTRODUCTION TO BIBLICAL HEBREW

SECOND EDITION

Lee Roy Martin

CPT Press
Cleveland, Tennessee USA

WORKBOOK FOR INTRODUCTION TO BIBLICAL HEBREW

Second Edition

Published by CPT Press
900 Walker ST NE
Cleveland, TN 37311
email: cptpress@pentecostaltheology.org
website: www.pentecostaltheology.org

ISBN-13: 978-1-935931-76-8

CONTENTS

CHAPTER 1

Most of the exercises in chapter one involve oral recitation. The following pages, however, will provide space for the practice of your writing skills.

Begin by tracing over the Hebrew Letters. Observe that Hebrew is written from right to left, and letters are written from the top line downward. After you have finished the tracing, you should continue to practice writing the letter until you can write it comfortably. Try to draw the letters the same size as the examples. As you write each letter, you should say its name and its pronunciation.

א   The first letter is *alef*, and it is silent.

בּ   The next letter is *beyt*, and it sounds like the *b* in *boy*.

גּ   The next letter is *gimel*, and it sounds like the *g* in *good*.

דּ   The next letter is *dalet*, and it sounds like the *d* in *dog*.

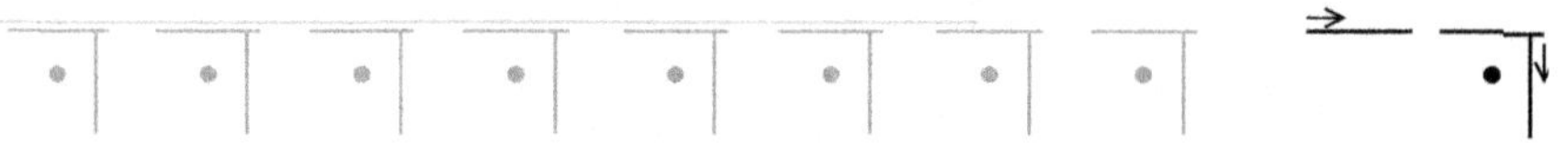

ה   The next letter is *heh*, and it sounds like the *h* in *how*.

ו   The next letter is *vav*, and it sounds like the *v* in *vet*.

ז The next letter is *zayin*, and it sounds like the *z* in *zoo*.

ח The next letter is *chet*, and it sounds like the *ch* in *loch*.

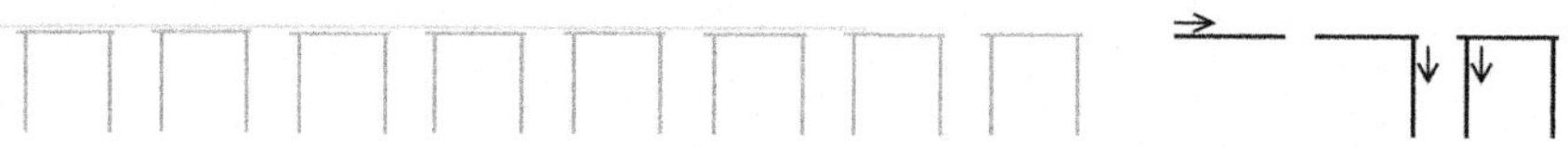

ט

The next letter is *tet*, and it sounds like the *t* in *toy*.

י

The next letter is *yod*, and it sounds like the *y* in *yard*.

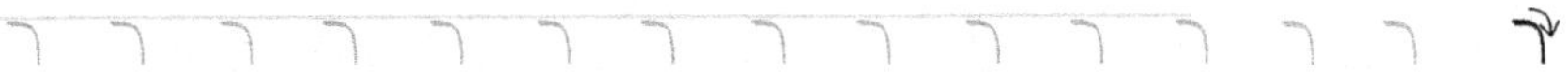

כּ

The next letter is *kaf*, and it sounds like the *k* in *kitchen*.

ך

The next letter is *final Kaf*, and it sounds like the *ch* in *loch*.

ל

The next letter is *lamed*, and it sounds like the *l* in *life*.

מ

The next letter is *mem*, and it sounds like the *m* in *man*.

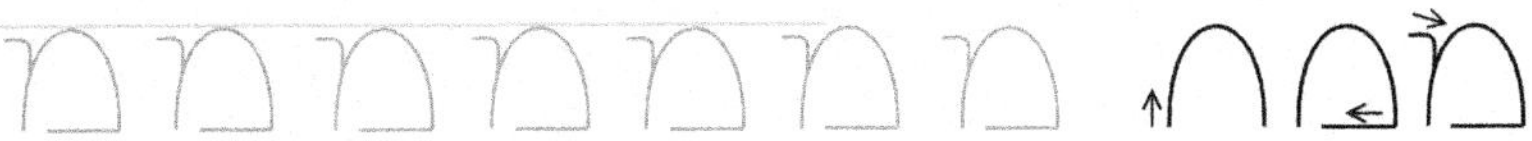

ם The next letter is *final mem*, and it sounds like the *m* in *man*.

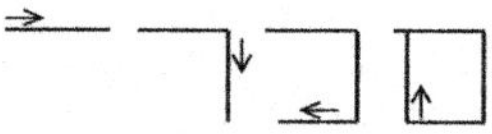

נ The next letter is *nun*, and it sounds like the *n* in *next*.

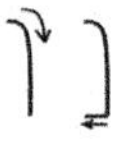

ן The next letter is *final nun*, and it sounds like the *n* in *next.*

ן ן ן ן ן ן ן ן ן ן ן ן ן ן ן ן ן ן ן ן

ס The next letter is *samek*, and it sounds like the *s* in *see.*

ס ס ס ס ס ס ס ס ס

ע The next letter is *ayin*, which is silent.

פּ The next letter is *peh*, and it sounds like the *p* in *pen*.

ף The next letter is *final peh*, and it sounds like the *ph* in *phone*.

צ The next letter is *tsade*, and it sounds like the *ts* in *cats*.

ץ

The next letter is *final tsade*, and it sounds like the *ts* in *cats*.

ק

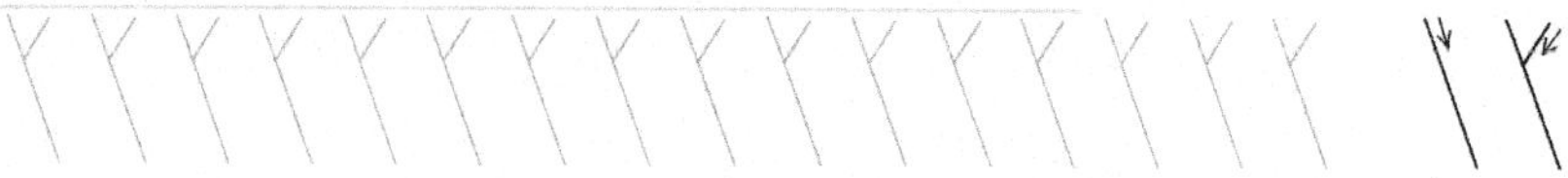

The next letter is *qof*, and it sounds like the *q* in *queen*.

ר The next letter is *resh*, and it sounds like the *r* in *run*.

שׂ The next letter is *seen*, and it sounds like the *s* in *see*.

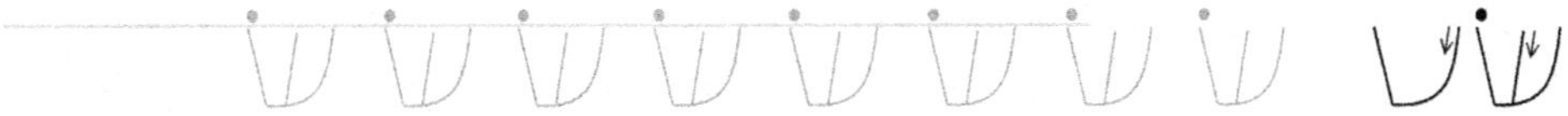

שׁ   The next letter is *sheen*, and it sounds like the *sh* in *shine*.

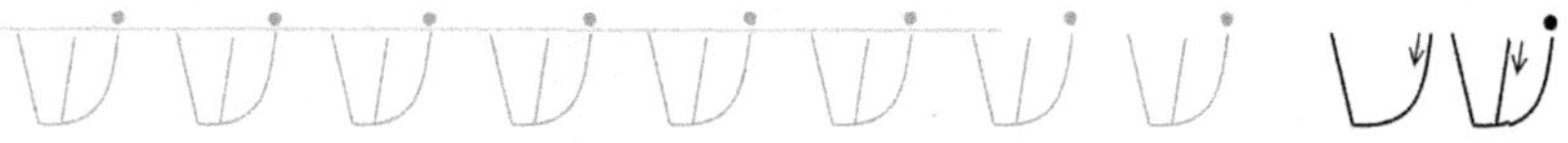

תּ   The next letter is *tav*, and it sounds like the *t* in *time*.

The following Hebrew Scripture (Zeph. 3.8) is the only verse in the Bible that contains all the shapes of the alphabet, including all five of the final forms (Remember that *seen* and *sheen* have the same shape, only the dot is placed differently). Copy the verse in the blank space below.

לָכֵן חַכּוּ־לִי נְאֻם־יְהוָה לְיוֹם קוּמִי לְעַד

כִּי מִשְׁפָּטִי לֶאֱסֹף גּוֹיִם לְקָבְצִי מַמְלָכוֹת

לִשְׁפֹּךְ עֲלֵיהֶם זַעְמִי כֹּל חֲרוֹן אַפִּי

כִּי בְּאֵשׁ קִנְאָתִי תֵּאָכֵל כָּל־הָאָרֶץ

CHAPTER 2

Exercise 2-A

Form the plural of the following masculine words.

דָּבָר   word, thing

יוֹם   day

מִקְדָּשׁ   sanctuary

נָבִיא   prophet

הַר   mountain

אִישׁ   man

מִשְׁפָּט   judgment

אָב   father

Exercise 2-B

PART 1: Add the definite article to the following Hebrew words.

דֶּרֶךְ   road, way

חַי   life, living

יָד   hand

יוֹם   day

כֹּהֵן   priest

לֵב   heart

יָם   sea

מֶלֶךְ   king

נֶפֶשׁ   soul, life

מַיִם   water

Exercise 2-B

PART 2: Translate the following English words into Hebrew:

the brother

the husband

the father

the son

the daughter

the God

the house

the women

the sons

the fathers

the words

CHAPTER 3

Exercise 3-A

Part 1: Translate the following Hebrew into English:

1. הָאִשָּׁה הַטּוֹבָה

2. הַסּוּסוֹת טוֹבוֹת

3. מְלָכוֹת טוֹבוֹת

4. אָח טוֹב

5. הַבֵּן טוֹב

6. הַמְּלָכוֹת הַטּוֹבוֹת

7. הַדָּבָר הַטּוֹב

8. הַמְּלָכִים הַטּוֹבִים

9. טוֹבָה הָאָרֶץ

10. טוֹב הַדָּבָר

11. טוֹב יהוה

12. אִישׁ טוֹב

13.   אֶרֶץ טוֹבָה

Part 2: Translate the following English into Hebrew:

1.   Good men

2.   The fathers are good.

3.   The day is good.

4.   The daughter is good.

Exercise 3-B

Part 1:

Add the conjunction to the following words and write their translations:

אָדָם

אֲדָמָה

אִישׁ

אִשָּׁה

בֵּן

בַּת

אֶרֶץ

בַּיִת

Part 2:   Translate the following Hebrew into English:

וּמְלָכִים רַבִּים   Jer 50.41

וְיוֹם טוֹב   Est 8.17

וּמְלָכִים גְּדוֹלִים   Jer 25.14

Exercise 3-C

Part 1:

Translate the following sentences from Hebrew into English:

1. וְהַמֶּלֶךְ הַטּוֹב שֹׁמֵר הַבֵּן וְהַבַּת

2. רַבִּים אֲנָשִׁים וְרָעִים הֹלְכִים אֶל הַבַּיִת

3. וְעַתָּה נָשִׁים טוֹבוֹת הֹלְכוֹת אֶל הָאָרֶץ

4. אֱלֹהִים הַמֶּלֶךְ הַגָּדוֹל

5. מְלָכָה טוֹבָה הֹלֶכֶת אֶל הָהָר הַגָּדוֹל

6. וְהָאַחִים שֹׁמְרִים הַדָּבָר

7. טוֹבִים הַמְּלָכִים וְגָּדוֹל הַבַּיִת

8. הָאֲדָמָה וְהָאָרֶץ שְׁמוּרוֹת

Part 2:

Translate the following sentences from English into Hebrew:

1. The good word is being kept.

2. The queen is keeping the word.

3. The big house is being guarded (kept).

4. A good man is keeping the word.

5. Now the king is the one keeping the word.

CHAPTER 4

Exercise 4-A

Translate the following:

1. הָאָרֶץ שָׁמַרְתְּ:

2. הָאִשָּׁה וְהָאִישׁ שָׁמְרוּ הָאָרֶץ:

3. אִישׁ שָׁמַר הַבַּיִת:

4. הָאָרֶץ שְׁמַרְתֶּם:

5. הָאִשָּׁה שָׁמְרָה הָהָר:

6. הַדָּבָר שָׁמַרְנוּ׃

7. הַדָּבָר שָׁמַרְתִּי׃

8. הַבֵּן שָׁמַרְתָּ׃

Exercise 4-B

Part 1: Translate the following Hebrew sentences into English.

1. הַמֶּלֶךְ הַטּוֹב שָׁמַר[1] אֶת־הַבֵּן וְאֶת־הַבַּת׃

2. וַאֲנָשִׁים רַבִּים הָלְכוּ אֶל הַבַּיִת׃

---

[1] אֶת־ is the sign of the definite object. It is not translated, but it identifies the following noun as an object of the verb rather than the subject of the verb.

3. וְהַנָּשִׁים הַטּוֹבוֹת הָלְכוּ מִן הָהָר׃

4. אֲנִי יָדַעְתִּי אֶת־הַמֶּלֶךְ הַגָּדוֹל׃

5. וְרָחֵל אָמְרָה לֵאמֹר מִי עָלָה מִן הַדֶּרֶךְ אֶל הָהָר הַגָּדוֹל׃

6. וְאַתָּ אָמַרְתָּ לֵאמֹר עָלָה הָאִישׁ לֵאלֹהִים׃

7. וְהַמֶּלֶךְ הַגָּדוֹל זָכַר אֶת־הַבָּנִים וְהַבָּנוֹת׃

8. אַתֶּן זְכַרְתֶּן אֶת־הָאָח אֲשֶׁר בַּבַּיִת׃

9. וְיַעֲקֹב יָדַע אֶת־הָכֹּהֵן אֲשֶׁר כְּאָח׃

10. הָאִשָּׁה יֹשְׁבָה בַּבַּיִת הַגָּדוֹל וְהִיא שֹׁמֶרֶת אֶת־הַדָּבָר׃

11. אַתְּ אָמַרְתְּ לֵאמֹר מִי עָלָה אֶל הָהָר׃

12. וְהַכֹּהֵן הָרַע זָכַר אֶת־הַאִישׁ הַשֹּׁמֵר אֶת־הַדָּבָר׃

13. כַּכֹּהֵן זָכַרְתָּ אֶת־הַדָּבַר וְאַתָּה שֹׁמֵר אֶת־הַדָּבָר׃

14. אֲנַחְנוּ זֹכְרִים אֶת־כָּל־הַדְּבָרִים אֲשֶׁר אָמַרְתָּ׃

15. וְעַתָּה הוּא יֹשֵׁב בַּבַּיִת הַגָּדוֹל׃

16. וְיַעֲקֹב אָמַר לֵאמֹר שֹׁמְרִים אֲנַחְנוּ אֶת־הַדָּבָר הַטּוֹב׃

17. הֵנָּה זֹכְרוֹת אֶת־הַדָּבָר אֲשֶׁר אָמַר יַעֲקֹב בַּדֶּרֶךְ׃

18. וְאַתָּה שֹׁמֵר אֶת־הַמֶּלֶךְ׃

Part 2:

Translate the following English sentences into Hebrew.

1. The priest knew the way.

2. And all the priests remembered the good words.

3. The son is remembering the words which the mother said.

4.   Who is the man who remembered the king.

5.   And the good man went up to the priests who knew the king.

CHAPTER 5

Exercise 5-A

Part 1:

Translate the following Hebrew into English:

1. וְאֶת־הַיּוֹם הַטּוֹב נִזְכֹּר׃

2. תִּזְכֹּר הָאֵם אֶת־הַבַּת׃

3. אַתֶּן תִּזְכֹּרְנָה אֶת־הַמַּלְכָּה׃

4. וְיַעֲקֹב יִשְׁמֹר אֶת־הַדָּבָר׃

5. תִּזְכְּרוּ אֶת־הָאָרֶץ׃

6. ‏יִזְכְּרוּ אֶת־הַמֶּלֶךְ הַטּוֹב:

7. ‏וֵאלֹהִים אָמַר אֶזְכֹּר אֶת־הַכֹּהֵן:

Part 2:

Translate the following English into Hebrew:

1. May Rachel remember the word.

2. Rachel will keep the word.

3. Let us remember the way.

Exercise 5-B

Translate the following:

1. אֲבִי יַעֲקֹב

2. בְּנוֹת רָחֵל

3. אִשָּׁה לַמֶּלֶךְ

4. נְשֵׁי הַמֶּלֶךְ

5. מַלְכֵי הָאָרֶץ

6. דִּבְרֵי אֱלֹהִים

Exercise 5-C

Translate the following:

1. עִבְרִי עַתָּה בָּאָרֶץ׃

2. עֲמֹד בַּדֶּרֶךְ כַּמֶּלֶךְ׃

3. כִּתְבוּ דָבָר טוֹב אֶל־הַכֹּהֵן׃

4. זְכֹרְנָה אֶת־רוּחַ יהוה׃

5. שִׁמְרִי הַתּוֹרָה מִן־יוֹם לְיוֹם׃

Exercise 5-D

Translate the following Hebrew sentences into English.

1. וְלֹא יִשְׁמֹר הַכֹּהֵן הָרָשָׁע אֵת תּוֹרַת אֱלֹהִים׃

2. כֹּה אָמַר אֱלֹהִים שִׁמְרִי אֶת־הַמֶּלֶךְ וְאֶת־הַמַּלְכָּה׃

3. תִּכְתֹּב הָאִשָּׁה אֶת־דָּבָר רַע אֶל־הָאָח׃

4. וְלֹא יִמְלֹךְ הַמֶּלֶךְ עַד יִזְכֹּר אֶת־דִּבְרֵי הַתּוֹרָה׃

5. וְאֶת־הָאָרֶץ אֶפְקֹד אָמַר אֱלֹהִים כִּי אַתָּה הֹלֵךְ בְּדֶרֶךְ הַתּוֹרָה׃

6. מָה תִּזְכְּרוּ מִן הָרָבִּים הַדְּבָרִים אֲשֶׁר כָּתְבוּ׃

7. וְמֹשֶׁה עָמַד בָּהָר הַגָּדוֹל וְלֹא שָׁמְרוּ הָאֲנָשִׁים

וְאֶת־דִּבְרֵי־אֱלֹהִים וְאֶת־תּוֹרַת אֱלֹהִים׃

8. וְרוּחַ אֱלֹהִים תִּפְקֹד בֶּן־יַעֲקֹב אֲשֶׁר לִפְנֵי הַכֹּהֵן׃

9. נִמְלֹךְ בְּבֵית־אֱלֹהִים אָמְרוּ מַלְכֵי־הָאָרֶץ׃

10. בְּנֵי יַעֲקֹב יֵשְׁבוּ בָּאָרֶץ עַד עָלָה הַכֹּהֵן לְהַר אֱלֹהִים׃

11. וְעַתָּה מִי יִמְלֹךְ לִפְנֵי־אֱלֹהִים כְּדָוִד׃

12. אֶחָד אִישׁ יָדַע כִּי הָאֵם יָלְדָה בֵּן טוֹב׃

13. מִי יִמְלֹךְ בָּאָרֶץ הַיּוֹם׃

14. כְּתוּבִים דִּבְרֵי־אֱלֹהִים בְּבֵית־אֱלֹהִים׃

15. יִכְתֹּב הָאָדָם לַמֶּלֶךְ׃

16. וְהָאֲנָשִׁים עָמְדוּ לִפְנֵי־אֱלֹהִים׃

17. תִּפְקֹד רוּחַ־אֱלֹהִים אֶת־בֵּית אֱלֹהִים׃

18. מָה יִכְתֹּב כִּי יִכְתֹּב לַמֶּלֶךְ׃

19. וְלֹא נִפְקֹד אֶת־הַמֶּלֶךְ אֲשֶׁר לֹא יָדַע אֶת־דְּבַר אֱלֹהִים׃

20. וְרָחֵל אָמְרָה לֵאמֹר טוֹבִים דִּבְרֵי־אֱלֹהִים׃

CHAPTER 6

Exercise 6-A

Translate the following from Hebrew to English:

1. נִזְכֹּרָה אֶת־הַתּוֹרָה׃

2. וְלֹא תִפְקֹד הַבַּיִת הָרַע׃

3. וְאַל תִּזְכְּרוּ אֶת־דֶּרֶךְ־הָרָשָׁע׃

4. אֶעֱבֹרָה הַהַר הַגָּדוֹל׃

Exercise 6-B

Translate the following sentences.

1. אַנְשֵׁי־יְרוּשָׁלַם יָצְאוּ מִן הַמֶּלֶךְ וְאֵלֶיךָ הָֽלְכוּ׃

2. וַאֲחִי־הַכֹּהֵן יָצָא עִם בְּנוֹ לַנָּהָר׃

3. וְהִנֵּה אִכְלוּ אֶת־הַלֶּחֶם הַחָדָשׁ׃

4. וְלֹא עָמַד יִשְׂרָאֵל וּבְנוֹתָיו לִפְנֵי הַמֶּלֶךְ׃

5. אִכְלוּ הַלֶּחֶם אֲשֶׁר לְקַחְתֶּם לָכֶם׃

6. כֹּה אָמַר יהוה אֶפְקְדָה אֶתְכֶם׃

7. לִקְחוּ דְּבַר־יהוה אֲשֶׁר לֶחֶם־הַחַיִּים׃

8. מִי הָלַךְ בַּהֵיכָל הַגָּדוֹל אֲשֶׁר בִּירוּשָׁלַם׃

9. כְּתֹב אֶל אָבִיךָ לֵאמֹר יֹשֵׁב אֲדוֹנַי עַל כִּסְאוֹ׃

10. וּמֹשֶׁה עָלָה לָהָר לֵאמֹר יִמְלֹךְ אֱלֹהִים עַל כָּל־הָאָרֶץ׃

Exercise 6-C

Translate the following:

1. יָלֹד יָלְדָה רוּחַ־אֱלֹהִים הַתּוֹרָה׃

2. עָבֹר עָבְרוּ הַנָּהָר אֵלֶיךָ׃

3. וְאַתָּ עָמַדְתָּ עָמֹד לִפְנֵי הַכִּסֵּא׃

4. וְהִנֵּה אָכַלְתִּי אָכֹל לֶחֶם־הַחַי׃

5. כָּתֹב יִכְתְּבוּ אֵלֵינוּ בַּהֵיכָל׃

6. מָלֹךְ יִמְלֹךְ עַל הַכִּסֵּא הַחָדָשׁ׃

Exercise 6-D

Translate the following:

1. וּמֹשֶׁה יָצָא לִפְקֹד עִם הַכֹּהֵן הַטּוֹב׃

2. וּמֹשֶׁה אָמַר לַעֲמֹד בְּדֶרֶךְ יהוה׃

3. אֶזְכֹר כְּתָבְכֶם לִי אֶת־דָּבָר־יהוה׃

4. וּמֹשֶׁה יָדַע כִּי־טוֹב מָלְכוֹ עַל הָאָרֶץ׃

CHAPTER 7

Exercise 7-A

Translate the following:

1. וַאֲנַחְנוּ אָכַלְנוּ אֶת־לַחְמֵנוּ וַנִּזְכֹּר דְּבַר־יהוה׃

2. וְיִצְחָק יָצָא מִן־הַהֵיכָל וַיִּזְכֹּר אֶת־הַדֶּרֶךְ הַטּוֹב׃

Exercise 7-B

Find the following Hebrew words in your Hebrew lexicon. List the page number and the main definitions. *Note: the page number will depend upon which lexicon the student uses.*

	Page	Definition
נֹכַח		
עֹלָה		
חָשַׁךְ		

בָּנָה

פְּרִי

שָׁלַח

Exercise 7-C

Translate the following sentences.

1. יהוה יִדְרֹשׁ אֵת יַעֲקֹב וְנָתַן אֵלָיו לֵב חָדָשׁ׃

2. פָּקֹד אֶפְקֹד אֹתָךְ אָמַר אֱלֹהִים וְיָלַדְתְּ בֵּן׃

3. יָשַׁב אַבְרָהָם בְּאֶרֶץ־כְּנָעַןוַיִּכְרֹת בְּרִית עִם יֹשְׁבֵי־הָאָרֶץ׃
וּבָרֵאשִׁית

4. וּמֹשֶׁה יָרַד מִן הַהַר וַיִּדְרֹשׁ אַחֲרֵי אֶחָיו׃

5. וְהָאֲנָשִׁים הָרָעִים נָשְׂאוּ יְדֵיהֶם עַל מֹשֶׁה וַיִּזְכֹּר מֹשֶׁה דָּבָר־יהוה׃

6. יֵשׁ דֶּרֶךְ־חַי אִם תִּדְרְשׁוּ אֹתוֹ׃

7. תִּדְרֹשׁ נַפְשְׁךְ אֶת־יהוה׃

8. וְיַעֲקֹב נָשָׂא אֶת־לְבָבוֹ אֶל־יהוה וַיִּשְׁמֹר דְּבָרָיו׃

9. חַיָּה רָעָה אָכְלָה אֹתוֹ׃ (Gen. 37.33)

10. וְשָׁאוּל לֹא אָכַל לֶחֶם כָּל־הַיּוֹם׃ (1 Sam. 28.20)

11. וַיִּכְתֹּב מֹשֶׁה אֵת כָּל־דִּבְרֵי יְהוָה׃ (Exod. 24.4)

12. וַיִּמְלֹךְ דָּוִד עַל־כָּל־יִשְׂרָאֵל׃ (2 Sam. 8.15)

13. וַיִּמְלֹךְ שְׁלֹמֹה בִּירוּשָׁלַם עַל־כָּל־יִשְׂרָאֵל׃ (2 Chron. 9.30)

14. וַיִּזְכֹּר אֱלֹהִים אֶת־נֹחַ וְאֵת כָּל־הַחַיָּה׃ (Gen. 8.1)

15. וַיִּזְכֹּר אֱלֹהִים אֶת־בְּרִיתוֹ׃ (Exod. 2.24)

16. וְלֹא זָכְרוּ בְּנֵי יִשְׂרָאֵל אֶת־יְהוָה אֱלֹהֵיהֶם׃ (Judg. 8.34)

17. וַיהוָה פָּקַד אֶת־שָׂרָה כַּאֲשֶׁר אָמָר׃ (Gen. 21.1)

18. וַיִּפְקֹד שִׁמְשׁוֹן אֶת־אִשְׁתּוֹ׃ (Judg. 15.1)

19. וּמִן־הָאָרֶץ יָצָא אַשּׁוּר׃ (Gen. 10.11)

20. וְהִיא הָֽלְכָה לִדְרֹשׁ אֶת־יְהוָה׃ (Gen. 25.22)

CHAPTER 8

Exercise 8-A

Translate the following: (You may need to consult the biblical context).

1. וְרַבִּים דְּבָרִים נִזְכְּרוּ [2]הַיּוֹם:

2. וְנַפְשׁוֹ נִלְקְחָה אֶל אֱלֹהִים:

3. וּבַת־הַמֶּלֶךְ נִשְׁלְחָה אֶל הַהֵיכָל:

4. תּוֹרָת אֱלֹהִים לֹא נִשְׁמְרָה בִּימֵי־אֲבוֹתֵכֶם:

5. וְנִזְכַּרְתֶּם לִפְנֵי יְהוָה אֱלֹהֵיכֶם: (Num. 10.9)

---

[2] Idiom meaning *today*.

6. וַאֲרוֹן אֱלֹהִים נִלְקָח׃ (1 Sam. 4.11)

7. נִלְכְּדָה הָעִיר׃ (1 Kgs 16.18)

Exercise 8-B

Translate the following:

1. אַתֶּן תִּזָּכַרְנָה בְּבֵית הַמֶּלֶךְ׃

2. אֲנַחְנוּ נִנָּתֵן אֶת־חַיִּים מִן־רוּחַ־יהוה׃

3. וֶהִנֵּה רָחֵל תִּפָּקֵד בַּדֶּרֶךְ בְּאִישׁ מִן־אֱלֹהִים׃

4. וּמֶ֫לֶךְ רָע לֹא־יִזָּכֵר:

5. וּבְכֹל אֲשֶׁר־אָמַ֫רְתִּי אֲלֵיכֶם תִּשָּׁמֵ֑רוּ: (Exod. 23.13)

6. מִן־כֹּל אֲשֶׁר־אָמַ֫רְתִּי אֶל־הָאִשָּׁה תִּשָּׁמֵֽר: (Judg. 13.13)

7. וְלֹא־יִכָּרֵת לְךָ אִישׁ מִן־לְפָנַי יֹשֵׁב עַל־כִּסֵּא יִשְׂרָאֵֽל: (1 Kgs 8.25)

8. וּרְשָׁעִים מִן־הָאָ֫רֶץ יִכָּרֵ֑תוּ: (Prov. 2.22)

9. וְאִישׁ עִם־אִשָּׁה יִלָּכֵֽדוּ: (Jer. 6.11)

Exercise 8-C

Translate the following sentences:

1.   הִשָּׁמֶר לְךָ וּשְׁמֹר נַפְשְׁךָ (Deut. 4.9):

2.   הִשָּׁמְרוּ לָכֶם וְזִכְרוּ אֶת־בְּרִית יְהוָה אֱלֹהֵיכֶם

אֲשֶׁר כָּרַת עִמָּכֶם (Deut. 4.23):

3.   הִנָּשֵׂא שֹׁפֵט הָאָרֶץ (Ps. 94.2):

Exercise 8-D

Part 1:

Translate the following:

1.   וְלֹא־יִקָּרֵא עוֹד אֶת־שִׁמְךָ אַבְרָם וְהָיָה שִׁמְךָ אַבְרָהָם (Gen. 17.5):

2. וַיֹּאמֶר[3] אֱלֹהִים אֶל־אַבְרָהָם בְּיִצְחָק יִקָּרֵא לְךָ זָרַע׃ (Gen. 21.12)

3. וַיֹּאמֶר־לוֹ אֱלֹהִים שִׁמְךָ יַעֲקֹב לֹא־יִקָּרֵא שִׁמְךָ עוֹד יַעֲקֹב

כִּי־אִם וְהָיָה שְׁמֶךָ יִשְׂרָאֵל׃ (Gen. 35.10)

4. וַיֹּאמֶר הִנֵּה אָנֹכִי כֹּרֵת בְּרִית׃ (Exod. 34.10)

5. וַיִּלָּכֵד יוֹנָתָן וְשָׁאוּל וְהָעָם יָצָאוּ׃ (1 Sam. 14.41)

6. וַיִּקָּרֵא לָהּ יַד אַבְשָׁלֹם עַד הַיּוֹם הַזֶּה׃ (2 Sam. 18.18)

---

[3] A very common verb form meaning *and he said* (*wayyiqtol* 3ms from אמר).

7. ‫נִשְׁבְּרוּ לִפְנֵי־יְהוָה:‬ (2 Chron. 14.12, Eng. is v. 13)

8. ‫וּמִבְּנֵי הַכֹּהֲנִים בְּנֵי חֳבַיָּה בְּנֵי הַקּוֹץ בְּנֵי בַרְזִלַּי אֲשֶׁר לָקַח‬

‫מִן־בְּנוֹת בַּרְזִלַּי הַגִּלְעָדִי אִשָּׁה וַיִּקָּרֵא עַל־שְׁמָם:‬ (Ezra 2.61)

9. ‫יִקָּרֵא שִׁמְךָ עָלֵינוּ:‬ (Isa. 4.1)

10. ‫אֱלֹהֵי כָל־הָאָרֶץ יִקָּרֵא:‬ (Isa. 54.5)

11. ‫וְאַתֶּם כֹּהֲנֵי יְהוָה תִּקָּרֵאוּ:‬ (Isa. 61.6)

12. וַיִּקָּרֵא שְׁמָהּ בָּמָה עַד הַיּוֹם הַזֶּה׃ (Ezek. 20.29)

Part 2:

Parse the following words (*qal* and *nifal* stems). You might want to review §7.9.

Hebrew Word	**Stem**	**State**	**PGN**	**Pfx**	**Sfx**	**Root**	**Translation**
הָלַכְנוּ							
נִשְׁפַּטְתָּ							
יָרַד							
תִּזְכְּרוּ							
יִכָּרֵת							

CHAPTER 9

Exercise 9-A

Translate the following.

1. הִמְלַכְתָּ אֶת־עַבְדְּךָ אַחַר דָּוִד אָבִי׃

2. הִנֵּה הַנְּבִיאִים הִשְׁמִיעוּ אֶת־הָעָם אֶת קוֹל יהוה׃

3. שְׁמוּאֵל הִכְתִּיב אָבִיו אֵת דָּבָר אֱלֹהִים׃

4. הִפְקִיד אֹתוֹ בְּבֵיתוֹ וְעַל כָּל־אֲשֶׁר יֶשׁ־לוֹ׃ (Gen. 39.5)

Exercise 9-B

Translate the following.

1. הִנֵּה שָׁמַעְתִּי אֵת קוֹלְכֶם כְּכֹל אֲשֶׁר אָמַרְתֶּם וָאַמְלֵךְ עֲלֵיכֶם מֶלֶךְ׃

2. הַכֹּהֲנִים יַשְׁמִיעוּ אֶתְכֶם אֶת־הַתּוֹרָה מִפִּי־יהוה׃

3. מֹשֶׁה אָמַר אַדְרִישׁ אֶת־נַפְשִׁי אֶת־אֱלֹהִים׃

4. אַזְכִּירָה שִׁמְךָ בְּכָל־דֹּר׃ (Ps. 45.18)

5. וַיַּמְלֵךְ אֶת־שְׁלֹמֹה בְנוֹ עַל־יִשְׂרָאֵל׃ (1Chron. 23.1)

Exercise 9-C

Translate the following.

1. הַזְכִּירִי אֶת־לִבֵּךְ דִּבְרֵי־הַתּוֹרָה:

2. הַעֲבֵר אֶת־הָעָם הַנָּהָר הַזֶּה:

3. הָאֲנָשִׁים מַעֲמִידִים אֶת־הַנָּבִיא הָרַע לִפְנֵי הָעָם:

4. אֲנִי מַזְכִּיר אֶת־בִּתִּי אֶת־קוֹל־יהוה:

5. אֶת־חֲטָאַי אֲנִי מַזְכִּיר הַיּוֹם: (Gen. 41.9)

6. הַשֹּׁפֵט יַשְׁפִּיט אֱלֹהִים אֶת־רוּחוֹ כֹּל בָּשָׂר שָׁם:

7. יַעֲקֹב יָרַד הֵיכָלָה לְהַקְרִיא אֶת־לִבּוֹ אֶל יהוה׃

Exercise 9-D

Parse the following verbs in *hifil* and *hofal*:

Hebrew Word	Stem	State	PGN	Pfx	Sfx	Root	Translation
מַכְתִּיב							
יָשְׁפַּט							
וַיַּשְׁמֵר							
הַמְלִיכוּ							
תַּשְׁמִירוּ							
הָשְׁמְרוּ							

Exercise 9-E

Translate the following sentences from the Bible (Use an English translation to help with names and context).

1. וַיֹּאמֶר מֹשֶׁה זֶה הַדָּבָר אֲשֶׁר אָמַר יְהוָה: (Exod. 16.32)

2. וּבְכֹל אֲשֶׁר־אָמַרְתִּי אֲלֵיכֶם תִּשָּׁמֵרוּ וְשֵׁם אֱלֹהִים אֲחֵרִים

לֹא תַזְכִּירוּ: (Exod. 23.13)

3. וְיִשְׁמְעוּ הַכְּנַעֲנִי וְכֹל יֹשְׁבֵי הָאָרֶץ וְהִכְרִיתוּ אֶת־שְׁמֵנוּ

מִן־הָאָרֶץ: (Josh. 7.9)

4. יַד בְּנֵי־יִשְׂרָאֵל הָיָה עַל יָבִין מֶלֶךְ־כְּנָעַן עַד אֲשֶׁר הִכְרִיתוּ

אֵת יָבִין מֶלֶךְ־כְּנָעַן׃ (Judg. 4.24)

5. וַיֹּאמֶר יְהוָה אֶל־שְׁמוּאֵל שְׁמַע בְּקוֹלָם

וְהִמְלַכְתָּ לָהֶם מֶלֶךְ׃ (1 Sam. 8.22)

6. כָּל־הָעָם הָלַךְ הַגִּלְגָּל וַיַּמְלִכוּ שָׁם אֶת־שָׁאוּל

לִפְנֵי יְהוָה בַּגִּלְגָּל (1 Sam. 11.15)

7. וַיֹּאמֶר שְׁמוּאֵל אֶל־כָּל־יִשְׂרָאֵל הִנֵּה שָׁמַעְתִּי בְקוֹלְכֶם לְכֹל

אֲשֶׁר־אֲמַרְתֶּם לִי וָאַמְלִיךְ עֲלֵיכֶם מֶלֶךְ׃ (1 Sam. 12.1)

8. וְלֹא־תַכְרִת אֶת־חַסְדְּךָ מֵעִם בֵּיתִי עַד־עוֹלָם (1 Sam. 20.15)

9. הִנֵּה אַתָּה יָדַעְתָּ אֵת אֲשֶׁר־עָשָׂה שָׁאוּל׃ (1 Sam. 28.9)

10. אֲדֹנֵינוּ הַמֶּלֶךְ־דָּוִד הִמְלִיךְ אֶת־שְׁלֹמֹה׃ (1 Kgs 1.43)

11. וְעַתָּה יְהוָה אֱלֹהָי אַתָּה הִמְלַכְתָּ אֶת־עַבְדְּךָ

תַּחַת דָּוִד אָבִי׃ (1 Kgs 3.7)

12. ‏וְהִכְרַתִּי אֶת־יִשְׂרָאֵל מֵעַל פְּנֵי הָאֲדָמָה‎: (1 Kgs 9.7)

13. ‏וַיַּמְלִכוּ אֹתוֹ תַּחַת אָבִיו אֲמַצְיָהוּ‎: (2 Kgs 14.21)

14. ‏וַיַּמְלִיכוּ עַם־הָאָרֶץ אֶת־יֹאשִׁיָּהוּ בְנוֹ תַּחְתָּיו‎: (2 Kgs 21.24)

15. ‏חַסְדֵי יְהוָה אַזְכִּיר‎: (Isa. 63.7)

16. ‏וְהִכְרַתִּי יוֹשֵׁב מֵאַשְׁדּוֹד‎: (Amos 1.8)

17. ‏וְהָיָה בַיּוֹם־הַהוּא נְאֻם־יְהוָה וְהִכְרַתִּי סוּסֶיךָ מִקִּרְבֶּךָ‎: (Mic. 5.9)

18. וְהִכְרַתִּי עָרֵי אַרְצֶךָ: (Mic. 5.10; Eng. is v. 11)

19. וְהִכְרַתִּי אֶת־הָאָדָם מֵעַל פְּנֵי הָאֲדָמָה נְאֻם־יְהוָה: (Zeph. 1.3)

20. וְהָיָה בַיּוֹם הַהוּא נְאֻם יְהוָה צְבָאוֹת אַכְרִית אֶת־שְׁמוֹת

הָעֲצַבִּים מִן־הָאָרֶץ וְלֹא יִזָּכְרוּ עוֹד: (Zech. 13.2)

21. וַיַּמְלֵךְ מֶלֶךְ־מִצְרַיִם אֶת־אֶלְיָקִים אָחִיו

עַל־יְהוּדָה וִירוּשָׁלַם: (2 Chron. 36.4)

CHAPTER 10

Exercise 10-A

Translate the following excerpts and paraphrases from Scripture:

Gen. 6.22   כֵּן עָשָׂה נֹחַ כְּכֹל אֲשֶׁר צִוָּה אֹתוֹ אֱלֹהִים כֵּן עָשָׂה:

Gen. 12.4   אַבְרָם הָלַךְ כַּאֲשֶׁר דִּבֶּר אֵלָיו יְהוָה:

Gen. 21.1   וַיהוה עָשָׂה לְשָׂרָה כַּאֲשֶׁר דִּבֵּר: וַיהוָה פָּקַד אֶת־שָׂרָה

כַּאֲשֶׁר אָמַר

Gen. 35.13   אֱלֹהִים עָלָה מֵעָלָיו בַּמָּקוֹם אֲשֶׁר־דִּבֶּר אִתּוֹ:

Gen. 39.19 וַיְהִי כִּי שָׁמַע אֲדֹנָיו אֶת־דִּבְרֵי אִשְׁתּוֹ אֲשֶׁר דִּבְּרָה

אֵלָיו לֵאמֹר כַּדְּבָרִים הָאֵלֶּה עָשָׂה לִי עַבְדֶּךָ׃

Gen. 41.28 הוּא הַדָּבָר אֲשֶׁר דִּבַּרְתִּי אֶל־פַּרְעֹה׃

Exercise 10-B

Translate the following:

Gen. 44.7 וַיֹּאמְרוּ אֵלָיו לָמָּה יְדַבֵּר אֲדֹנִי כַּדְּבָרִים הָאֵלֶּה׃

Exod. 7.2 וְאַהֲרֹן אָחִיךָ יְדַבֵּר אֶל־פַּרְעֹה וְשִׁלַּח

אֶת־בְּנֵי־יִשְׂרָאֵל מֵאַרְצוֹ׃

Exod. 19.6   אֵלֶּה הַדְּבָרִים אֲשֶׁר תְּדַבֵּר אֶל־בְּנֵי יִשְׂרָאֵל:

Exercise 10-C

Translate the following:

Gen. 37.15   . . . מַה־תְּבַקֵּשׁ:

Gen. 37.16   וַיֹּאמֶר אֶת־אַחַי אָנֹכִי מְבַקֵּשׁ:

Exod. 2.15   וַיִּשְׁמַע פַּרְעֹה אֶת־הַדָּבָר הַזֶּה וַיְבַקֵּשׁ אֶת־מֹשֶׁה:

Exercise 10-D

Parse the following verbs from the *qal*, *nifal*, *hifil*, *hofal*, and *piel* patterns.

Verb	Stem	State	PGN	Pfx	Sfx	Root	Translation
תְּדַבְּרוּ							
הִזְכַּרְתִּי							
מְדַבְּרִים							
בִּקֵּשׁ							
אֶשָּׁפֵט							
וַיִּשְׁמֹר							
דַּבְּרִי							
הָשְׁמַרְתֶּם							

Exercise 10-E

Translate the following sentences from the Bible (Use an English translation to help with names and context).

Exod. 6.9 וַיְדַבֵּר מֹשֶׁה כֵּן אֶל־בְּנֵי יִשְׂרָאֵל וְלֹא שָׁמְעוּ אֶל־מֹשֶׁה׃

Exod. 6.12 וַיְדַבֵּר מֹשֶׁה לִפְנֵי יְהוָה לֵאמֹר הֵן בְּנֵי־יִשְׂרָאֵל לֹא־שָׁמְעוּ אֵלַי׃

Exod. 6.28 וַיְהִי בְּיוֹם דִּבֶּר יְהוָה אֶל־מֹשֶׁה בְּאֶרֶץ מִצְרָיִם׃

Exod. 6.29 וַיְדַבֵּר יְהוָה אֶל־מֹשֶׁה לֵּאמֹר אֲנִי יְהוָה דַּבֵּר אֶל־פַּרְעֹה

מֶלֶךְ מִצְרַיִם אֵת כָּל־אֲשֶׁר אֲנִי דֹּבֵר אֵלֶיךָ׃

1 Kgs 22.44 [43] עוֹד הָעָם מְזַבְּחִים וּמְקַטְּרִים בַּבָּמוֹת׃

2 Kgs 16.4 וַיְזַבֵּחַ וַיְקַטֵּר בַּבָּמוֹת׃

Ps. 106.38 וַיִּשְׁפְּכוּ דַּם־בְּנֵיהֶם וּבְנוֹתֵיהֶם אֲשֶׁר זִבְּחוּ לַעֲצַבֵּי כְנָעַן׃

Hos. 4.13 עַל־רָאשֵׁי הֶהָרִים יְזַבֵּחוּ׃

Gen. 8.15 וַיְדַבֵּר אֱלֹהִים אֶל־נֹחַ לֵאמֹר׃

Gen. 12.4 וְאַבְרָם הָלַךְ כַּאֲשֶׁר דִּבֶּר אֵלָיו יְהוָה וְלוֹט הָלַךְ אִתּוֹ

Gen. 27.6 וְרִבְקָה אָמְרָה אֶל־יַעֲקֹב בְּנָהּ לֵאמֹר הִנֵּה שָׁמַעְתִּי

אֶת־אָבִיךָ מְדַבֵּר אֶל־עֵשָׂו אָחִיךָ

וַיִּשְׁמַע פַּרְעֹה אֶת־הַדָּבָר הַזֶּה וַיְבַקֵּשׁ לַהֲרֹג אֶת־מֹשֶׁה: Exod. 2.15

בִּקֵּשׁ יְהוָה לוֹ אִישׁ כִּלְבָבוֹ:   1 Sam. 13.14

וְלָקַחְתִּי אֶתְכֶם מִן־ הַגּוֹיִם וְקִבַּצְתִּי אֶתְכֶם   Ezek. 36.24

מִכָּל־הָאֲרָצוֹת:

וַיְסַפֵּר הָעֶבֶד לְיִצְחָק אֵת כָּל־הַדְּבָרִים אֲשֶׁר עָשָׂה: Gen. 24.66

וַיְסַפֵּר יַעֲקֹב לְלָבָן אֵת כָּל־הַדְּבָרִים הָאֵלֶּה: Gen. 29.13

Exod. 24.3 וַיְסַפֵּר מֹשֶׁה לָעָם אֵת כָּל־דִּבְרֵי יְהוָה׃

2 Kgs 8.4 סַפְּרָה־נָּא לִי אֵת כָּל־הַגְּדֹלוֹת אֲשֶׁר־עָשָׂה אֱלִישָׁע׃

Ps. 19.2 הַשָּׁמַיִם מְסַפְּרִים כְּבוֹד־אֵל׃

Ps. 78.3 אֲשֶׁר שָׁמַעְנוּ וַאֲבוֹתֵינוּ סִפְּרוּ־לָנוּ׃

Ps. 102.22 לְסַפֵּר בְּצִיּוֹן שֵׁם יְהוָה׃

Exod. 7.6 מֹשֶׁה עָשָׂה וְאַהֲרֹן כַּאֲשֶׁר צִוָּה יְהוָה אֹתָם׃

זֶה הַדָּבָר אֲשֶׁר צִוָּה יְהוָה: Exod.
16.16

CHAPTER 11

Exercise 11-A

Translate the following:

1. שְׁלֹמֹה הִתְהַלֵּךְ אַחַר דָּוִד אָבִיו׃

2. אָדָם הִתְהַלֵּךְ עִם אֱלֹהִים׃

3. הִנֵּה לֹא הִתְהַלְּכוּ הָעָם כְּקוֹל נְבִיאֵי־יהוה׃

Exercise 11-B

Translate the following:

1. עַתָּה שָׁאוּל יִתְנַשֵּׂא עַל שְׁמוּאֵל וְעַל אֱלֹהִים׃

2. הַכֹּהֵן מִתְנַשֵּׂא עַל אֶת־תּוֹרַת־יהוה׃

3. מֹשֶׁה דִּבֵּר לֵאמֹר יִתְנַשֵּׂא אֱלֹהִים׃

Exercise 11-C

Translate these verses with *pual* verbs.

Gen. 25.10 שָׁמָּה קֻבַּר אַבְרָהָם וְשָׂרָה אִשְׁתּוֹ׃

Gen. 44.3 וְהָאֲנָשִׁים שֻׁלְּחוּ׃

1 Chr. 16.25 כִּי גָדוֹל יְהוָה וּמְהֻלָּל מְאֹד׃

וַיְבֻקַּשׁ הַדָּבָר וַיִּמָּצֵא׃ Est. 2.23

מְהֻלָּל שֵׁם יְהוָה׃ Psa. 113.3

Exercise 11-D

Part 1:

Parse the following verbs from the *qal*, *nifal*, *hifil*, *hofal*, *piel*, *pual*, and *hitpael* patterns.

Verb	Stem	State	PGN	Root	Translation
תִּשְׁמְרוּ					
אַקְטִיל					
קְטְלָה					
קַטְּלוּ					
הִתְקַטַּלְנוּ					
מְקֻטָּל					
יִתְקַטְּלוּ					
שָׁמוּר					
מִתְקַטֵּל					

Part 2:

Translate the following excerpts from Scripture.

Gen. 3.8   וַיִּשְׁמְעוּ אֶת־קוֹל יְהוָה אֱלֹהִים מִתְהַלֵּךְ בַּגָּן:

Gen. 5.24   וַיִּתְהַלֵּךְ חֲנוֹךְ אֶת־הָאֱלֹהִים וְאֵינֶנּוּ כִּי־לָקַח אֹתוֹ
אֱלֹהִים:

Gen. 6.9   אֶת־הָאֱלֹהִים הִתְהַלֶּךְ־נֹחַ:

Gen. 20.17   וַיִּתְפַּלֵּל אַבְרָהָם אֶל־הָאֱלֹהִים:

Gen. 26.4   וְהִתְבָּרֲכוּ בְזַרְעֲךָ כֹּל גּוֹיֵי הָאָרֶץ:

Exod. 16.32   וַיֹּאמֶר מֹשֶׁה זֶה הַדָּבָר אֲשֶׁר אָמַר יְהוָה׃

Exod. 32.4   וַיֹּאמְרוּ אֵלֶּה אֱלֹהֶיךָ יִשְׂרָאֵל׃

Lev. 11.44   כִּי אֲנִי יְהוָה אֱלֹהֵיכֶם וְהִתְקַדִּשְׁתֶּם׃

Num. 11.2   וַיִּתְפַּלֵּל מֹשֶׁה אֶל־יְהוָה׃

Deut 9.26   וָאֶתְפַּלֵּל אֶל־יְהוָה׃

1 Sam. 7.7   וַיִּשְׁמְעוּ פְלִשְׁתִּים כִּי־הִתְקַבְּצוּ בְנֵי־יִשְׂרָאֵל הַמִּצְפָּתָה׃

1 Sam. 8.4 וַיִּֽתְקַבְּצוּ כֹּל זִקְנֵי יִשְׂרָאֵל אֶל־שְׁמוּאֵל הָרָמָֽתָה׃

1 Sam. 8.6 וַיִּתְפַּלֵּל שְׁמוּאֵל אֶל־יְהוָה׃

1 Sam. 10.19 וְעַתָּה הִתְיַצְּבוּ לִפְנֵי יְהוָה׃

1 Sam. 12.2 וְעַתָּה הִנֵּה הַמֶּלֶךְ מִתְהַלֵּךְ לִפְנֵיכֶם וַאֲנִי זָקַנְתִּי׃

1 Sam. 12.19 וַיֹּאמְרוּ כָל־הָעָם אֶל־שְׁמוּאֵל הִתְפַּלֵּל בְּעַד־עֲבָדֶיךָ

אֶל־יְהוָה אֱלֹהֶיךָ׃

2 Sam. 2.25 וַיִּֽתְקַבְּצוּ בְנֵי־בִנְיָמִן אַחֲרֵי אַבְנֵר׃

1 Kgs 22.10 וּמֶלֶךְ יִשְׂרָאֵל וִיהוֹשָׁפָט מֶלֶךְ־יְהוּדָה יֹשְׁבִים אִישׁ עַל־כִּסְאוֹ׃

1 Kgs 22.18 לוֹא־יִתְנַבֵּא עָלַי טוֹב כִּי אִם־רָע׃

2 Kgs 19.15 וַיִּתְפַּלֵּל חִזְקִיָּהוּ לִפְנֵי יְהוָה וַיֹּאמַר יְהוָה אֱלֹהֵי יִשְׂרָאֵל׃

1 Chr. 15.12 וַיֹּאמֶר לָהֶם אַתֶּם רָאשֵׁי הָאָבוֹת לַלְוִיִּם הִתְקַדְּשׁוּ אַתֶּם
וַאֲחֵיכֶם׃

CHAPTER 12

Exercise 12-A

Translate the following:

Gen. 24.30 וּכְשָׁמְעוֹ אֶת־דִּבְרֵי רִבְקָה אֲחֹתוֹ . . .

Gen. 18.16 וְאַבְרָהָם הֹלֵךְ עִמָּם לְשַׁלְּחָם׃

Gen. 7.5 נֹחַ עָשָׂה כְּכֹל אֲשֶׁר־צִוָּהוּ יְהוָה׃

Gen. 24.7 יְהוָה אֱלֹהֵי הַשָּׁמַיִם אֲשֶׁר לְקָחַנִי מִבֵּית אָבִי . . .

Gen. 28.20 יִהְיֶה אֱלֹהִים עִמָּדִי וּשְׁמָרַנִי בַּדֶּרֶךְ הַזֶּה

אֲשֶׁר אָנֹכִי הוֹלֵךְ

Exercise 12-B—Genesis 1.1-5

¹ בְּרֵאשִׁית בָּרָא אֱלֹהִים אֵת הַשָּׁמַיִם וְאֵת הָאָרֶץ

² וְהָאָרֶץ הָיְתָה תֹהוּ וָבֹהוּ וְחֹשֶׁךְ עַל־פְּנֵי תְהוֹם

וְרוּחַ אֱלֹהִים מְרַחֶפֶת עַל־פְּנֵי הַמָּיִם

³ וַיֹּאמֶר אֱלֹהִים יְהִי אוֹר וַיְהִי־אוֹר

⁴ וַיַּרְא אֱלֹהִים אֶת־הָאוֹר כִּי־טוֹב

וַיַּבְדֵּל אֱלֹהִים בֵּין הָאוֹר וּבֵין הַחֹשֶׁךְ

⁵ וַיִּקְרָא אֱלֹהִים לָאוֹר יוֹם וְלַחֹשֶׁךְ קָרָא לָיְלָה

וַיְהִי־עֶרֶב וַיְהִי־בֹקֶר יוֹם אֶחָד פ

CHAPTER 13

Exercise 13—Genesis 3.1-6

1 וְהַנָּחָשׁ הָיָה עָרוּם מִכֹּל חַיַּת הַשָּׂדֶה אֲשֶׁר עָשָׂה יְהוָה אֱלֹהִים

וַיֹּאמֶר אֶל־הָאִשָּׁה אַף כִּי־אָמַר אֱלֹהִים לֹא תֹאכְלוּ מִכֹּל עֵץ הַגָּן

2 וַתֹּאמֶר הָאִשָּׁה אֶל־הַנָּחָשׁ מִפְּרִי עֵץ־הַגָּן נֹאכֵל

3 וּמִפְּרִי הָעֵץ אֲשֶׁר בְּתוֹךְ־הַגָּן אָמַר אֱלֹהִים לֹא תֹאכְלוּ מִמֶּנּוּ

וְלֹא תִגְּעוּ בּוֹ פֶּן־תְּמֻתוּן

⁴ וַיֹּאמֶר הַנָּחָשׁ אֶל־הָאִשָּׁה לֹא־מוֹת תְּמֻתוּן

⁵ כִּי יֹדֵעַ אֱלֹהִים כִּי בְּיוֹם אֲכָלְכֶם מִמֶּנּוּ וְנִפְקְחוּ עֵינֵיכֶם

וִהְיִיתֶם כֵּאלֹהִים יֹדְעֵי טוֹב וָרָע

⁶ וַתֵּרֶא הָאִשָּׁה כִּי טוֹב הָעֵץ לְמַאֲכָל וְכִי תַאֲוָה־הוּא לָעֵינַיִם

וְנֶחְמָד הָעֵץ לְהַשְׂכִּיל וַתִּקַּח מִפִּרְיוֹ

וַתֹּאכַל וַתִּתֵּן גַּם־לְאִישָׁהּ עִמָּהּ וַיֹּאכַל

CHAPTER 14

Exercise 14—Genesis 6.1-8

¹ וַיְהִי כִּי־הֵחֵל הָאָדָם לָרֹב עַל־פְּנֵי הָאֲדָמָה וּבָנוֹת יֻלְּדוּ לָהֶם

² וַיִּרְאוּ בְנֵי־הָאֱלֹהִים אֶת־בְּנוֹת הָאָדָם כִּי טֹבֹת הֵנָּה

וַיִּקְחוּ לָהֶם נָשִׁים מִכֹּל אֲשֶׁר בָּחָרוּ

³ וַיֹּאמֶר יְהוָה לֹא־יָדוֹן רוּחִי בָאָדָם לְעֹלָם בְּשַׁגַּם הוּא בָשָׂר

וְהָיוּ יָמָיו מֵאָה וְעֶשְׂרִים שָׁנָה

⁴ הַנְּפִלִים הָיוּ בָאָרֶץ בַּיָּמִים הָהֵם

וְגַם אַחֲרֵי־כֵן אֲשֶׁר יָבֹאוּ בְּנֵי הָאֱלֹהִים אֶל־בְּנוֹת הָאָדָם

וְיָלְדוּ לָהֶם הֵמָּה הַגִּבֹּרִים אֲשֶׁר מֵעוֹלָם אַנְשֵׁי הַשֵּׁם פ

⁵ וַיַּרְא יְהוָה כִּי רַבָּה רָעַת הָאָדָם בָּאָרֶץ

וְכָל־יֵצֶר מַחְשְׁבֹת לִבּוֹ רַק רַע כָּל־הַיּוֹם

⁶ וַיִּנָּחֶם יְהוָה כִּי־עָשָׂה אֶת־הָאָדָם בָּאָרֶץ וַיִּתְעַצֵּב אֶל־לִבּוֹ

⁷וַיֹּאמֶר יְהוָה אֶמְחֶה אֶת־הָאָדָם אֲשֶׁר־בָּרָאתִי מֵעַל פְּנֵי הָאֲדָמָה

מֵאָדָם עַד־בְּהֵמָה עַד־רֶמֶשׂ וְעַד־עוֹף הַשָּׁמָיִם

כִּי נִחַמְתִּי כִּי עֲשִׂיתִם

⁸וְנֹחַ מָצָא חֵן בְּעֵינֵי יְהוָה פ

CHAPTER 15

Exercise 15—Genesis 9.8-17

⁸ וַיֹּ֤אמֶר אֱלֹהִים֙ אֶל־נֹ֔חַ וְאֶל־בָּנָ֥יו אִתּ֖וֹ לֵאמֹֽר׃

⁹ וַאֲנִ֕י הִנְנִ֥י מֵקִ֛ים אֶת־בְּרִיתִ֖י אִתְּכֶ֑ם וְאֶֽת־זַרְעֲכֶ֖ם אַחֲרֵיכֶֽם׃

¹⁰ וְאֵ֣ת כָּל־נֶ֣פֶשׁ הַֽחַיָּה֮ אֲשֶׁ֣ר אִתְּכֶם֒ בָּע֧וֹף בַּבְּהֵמָ֛ה

וּֽבְכָל־חַיַּ֥ת הָאָ֖רֶץ אִתְּכֶ֑ם מִכֹּל֙ יֹצְאֵ֣י הַתֵּבָ֔ה לְכֹ֖ל חַיַּ֥ת הָאָֽרֶץ׃

¹¹ וַהֲקִמֹתִ֤י אֶת־בְּרִיתִי֙ אִתְּכֶ֔ם וְלֹֽא־יִכָּרֵ֧ת כָּל־בָּשָׂ֛ר ע֖וֹד מִמֵּ֣י הַמַּבּ֑וּל

וְלֹא־יִהְיֶ֥ה ע֛וֹד מַבּ֖וּל לְשַׁחֵ֥ת הָאָֽרֶץ׃

12 וַיֹּ֣אמֶר אֱלֹהִ֗ים זֹ֤את אֽוֹת־הַבְּרִית֙ אֲשֶׁר־אֲנִ֣י נֹתֵ֔ן בֵּינִי֙ וּבֵ֣ינֵיכֶ֔ם

וּבֵ֛ין כָּל־נֶ֥פֶשׁ חַיָּ֖ה אֲשֶׁ֣ר אִתְּכֶ֑ם לְדֹרֹ֖ת עוֹלָֽם׃

13 אֶת־קַשְׁתִּ֕י נָתַ֖תִּי בֶּֽעָנָ֑ן וְהָֽיְתָה֙ לְא֣וֹת בְּרִ֔ית בֵּינִ֖י וּבֵ֥ין הָאָֽרֶץ׃

14 וְהָיָ֕ה בְּעַֽנְנִ֥י עָנָ֖ן עַל־הָאָ֑רֶץ וְנִרְאֲתָ֥ה הַקֶּ֖שֶׁת בֶּעָנָֽן׃

15 וְזָכַרְתִּ֣י אֶת־בְּרִיתִ֗י

אֲשֶׁ֤ר בֵּינִי֙ וּבֵ֣ינֵיכֶ֔ם וּבֵ֥ין כָּל־נֶ֖פֶשׁ חַיָּ֣ה בְּכָל־בָּשָׂ֑ר

וְלֹֽא־יִהְיֶ֨ה ע֤וֹד הַמַּ֙יִם֙ לְמַבּ֔וּל לְשַׁחֵ֖ת כָּל־בָּשָֽׂר׃

16 וְהָיְתָ֥ה הַקֶּ֖שֶׁת בֶּֽעָנָ֑ן וּרְאִיתִ֗יהָ לִזְכֹּר֙ בְּרִ֣ית עוֹלָ֔ם

בֵּ֣ין אֱלֹהִ֔ים וּבֵין֙ כָּל־נֶ֣פֶשׁ חַיָּ֔ה בְּכָל־בָּשָׂ֖ר אֲשֶׁ֥ר עַל־הָאָֽרֶץ׃

17 וַיֹּ֥אמֶר אֱלֹהִ֖ים אֶל־נֹ֑חַ זֹ֤את אֽוֹת־הַבְּרִית֙

אֲשֶׁ֣ר הֲקִמֹ֔תִי בֵּינִ֕י וּבֵ֥ין כָּל־בָּשָׂ֖ר אֲשֶׁ֥ר עַל־הָאָֽרֶץ׃ פ

CHAPTER 16

Exercise 16—Genesis 11.1-9

1 וַיְהִ֥י כָל־הָאָ֖רֶץ שָׂפָ֣ה אֶחָ֑ת וּדְבָרִ֖ים אֲחָדִֽים׃

2 וַיְהִ֖י בְּנָסְעָ֣ם מִקֶּ֑דֶם וַֽיִּמְצְא֥וּ בִקְעָ֛ה בְּאֶ֥רֶץ שִׁנְעָ֖ר וַיֵּ֥שְׁבוּ שָֽׁם׃

3 וַיֹּאמְר֞וּ אִ֣ישׁ אֶל־רֵעֵ֗הוּ הָ֚בָה נִלְבְּנָ֣ה לְבֵנִ֔ים וְנִשְׂרְפָ֖ה לִשְׂרֵפָ֑ה

וַתְּהִ֨י לָהֶ֤ם הַלְּבֵנָה֙ לְאָ֔בֶן וְהַ֣חֵמָ֔ר הָיָ֥ה לָהֶ֖ם לַחֹֽמֶר׃

4 וַיֹּאמְר֞וּ הָ֣בָה ׀ נִבְנֶה־לָּ֣נוּ עִ֗יר וּמִגְדָּל֙ וְרֹאשׁ֣וֹ בַשָּׁמַ֔יִם

וְנַעֲשֶׂה־לָּנוּ שֵׁם פֶּן־נָפוּץ עַל־פְּנֵי כָל־הָאָרֶץ׃

5 וַיֵּרֶד יְהוָֹה לִרְאֹת אֶת־הָעִיר וְאֶת־הַמִּגְדָּל

אֲשֶׁר בָּנוּ בְּנֵי הָאָדָם׃

6 וַיֹּאמֶר יְהוָֹה הֵן עַם אֶחָד וְשָׂפָה אַחַת לְכֻלָּם

וְזֶה הַחִלָּם לַעֲשׂוֹת וְעַתָּה לֹא־יִבָּצֵר מֵהֶם

כֹּל אֲשֶׁר יָזְמוּ לַעֲשׂוֹת׃

7 הָ֚בָה נֵֽרְדָ֔ה וְנָבְלָ֥ה שָׁ֖ם שְׂפָתָ֑ם

אֲשֶׁר֙ לֹ֣א יִשְׁמְע֔וּ אִ֖ישׁ שְׂפַ֥ת רֵעֵֽהוּ׃

8 וַיָּ֨פֶץ יְהוָ֥ה אֹתָ֛ם מִשָּׁ֖ם עַל־פְּנֵ֣י כָל־הָאָ֑רֶץ

וַֽיַּחְדְּל֖וּ לִבְנֹ֥ת הָעִֽיר׃

9 עַל־כֵּ֞ן קָרָ֤א שְׁמָהּ֙ בָּבֶ֔ל כִּי־שָׁ֛ם בָּלַ֥ל יְהוָ֖ה שְׂפַ֣ת כָּל־הָאָ֑רֶץ

וּמִשָּׁם֙ הֱפִיצָ֣ם יְהוָ֔ה עַל־פְּנֵ֖י כָּל־הָאָֽרֶץ׃ פ

CHAPTER 17

Exercise 17—Genesis 12.1-13

1 וַיֹּ֤אמֶר יְהוָה֙ אֶל־אַבְרָ֔ם לֶךְ־לְךָ֛ מֵאַרְצְךָ֥ וּמִמּֽוֹלַדְתְּךָ֖

וּמִבֵּ֣ית אָבִ֑יךָ אֶל־הָאָ֖רֶץ אֲשֶׁ֥ר אַרְאֶֽךָּ׃

2 וְאֶֽעֶשְׂךָ֙ לְג֣וֹי גָּד֔וֹל וַאֲבָרֶכְךָ֔ וַאֲגַדְּלָ֖ה שְׁמֶ֑ךָ וֶהְיֵ֖ה בְּרָכָֽה׃

3 וַאֲבָֽרְכָה֙ מְבָ֣רְכֶ֔יךָ וּמְקַלֶּלְךָ֖ אָאֹ֑ר וְנִבְרְכ֣וּ בְךָ֔ כֹּ֖ל מִשְׁפְּחֹ֥ת הָאֲדָמָֽה׃

4 וַיֵּ֤לֶךְ אַבְרָם֙ כַּאֲשֶׁ֨ר דִּבֶּ֤ר אֵלָיו֙ יְהוָ֔ה וַיֵּ֥לֶךְ אִתּ֖וֹ ל֑וֹט

וְאַבְרָ֗ם בֶּן־חָמֵ֤שׁ שָׁנִים֙ וְשִׁבְעִ֣ים שָׁנָ֔ה בְּצֵאת֖וֹ מֵחָרָֽן׃

5 וַיִּקַּ֣ח אַבְרָם֩ אֶת־שָׂרַ֨י אִשְׁתּ֜וֹ וְאֶת־ל֣וֹט בֶּן־אָחִ֗יו

וְאֶת־כָּל־רְכוּשָׁם֙ אֲשֶׁ֣ר רָכָ֔שׁוּ וְאֶת־הַנֶּ֖פֶשׁ אֲשֶׁר־עָשׂ֣וּ בְחָרָ֑ן

וַיֵּצְא֗וּ לָלֶ֙כֶת֙ אַ֣רְצָה כְּנַ֔עַן וַיָּבֹ֖אוּ אַ֥רְצָה כְּנָֽעַן׃

6 וַיַּעֲבֹ֤ר אַבְרָם֙ בָּאָ֔רֶץ עַ֚ד מְק֣וֹם שְׁכֶ֔ם עַ֖ד אֵל֣וֹן מוֹרֶ֑ה

וְהַֽכְּנַעֲנִ֖י אָ֥ז בָּאָֽרֶץ׃

7 וַיֵּרָ֤א יְהוָה֙ אֶל־אַבְרָ֔ם וַיֹּ֕אמֶר לְזַ֨רְעֲךָ֔ אֶתֵּ֖ן אֶת־הָאָ֣רֶץ הַזֹּ֑את

וַיִּ֤בֶן שָׁם֙ מִזְבֵּ֔חַ לַיהוָ֖ה הַנִּרְאֶ֥ה אֵלָֽיו׃

8 וַיַּעְתֵּ֨ק מִשָּׁ֜ם הָהָ֗רָה מִקֶּ֛דֶם לְבֵֽית־אֵ֖ל

וַיֵּ֣ט אָהֳלֹ֑ה בֵּֽית־אֵ֤ל מִיָּם֙ וְהָעַ֣י מִקֶּ֔דֶם וַיִּֽבֶן־שָׁ֤ם מִזְבֵּ֙חַ֙ לַֽיהוָ֔ה

וַיִּקְרָ֖א בְּשֵׁ֥ם יְהוָֽה׃

9 וַיִּסַּ֣ע אַבְרָ֔ם הָל֥וֹךְ וְנָס֖וֹעַ הַנֶּֽגְבָּה׃ פ

10 וַיְהִ֥י רָעָ֖ב בָּאָ֑רֶץ וַיֵּ֨רֶד אַבְרָ֤ם

מִצְרַ֙יְמָה֙ לָג֣וּר שָׁ֔ם כִּֽי־כָבֵ֥ד הָרָעָ֖ב בָּאָֽרֶץ׃

11 וַיְהִ֕י כַּאֲשֶׁ֥ר הִקְרִ֖יב לָב֣וֹא מִצְרָ֑יְמָה וַיֹּ֙אמֶר֙ אֶל־שָׂרַ֣י אִשְׁתּ֔וֹ

הִנֵּה־נָ֣א יָדַ֔עְתִּי כִּ֛י אִשָּׁ֥ה יְפַת־מַרְאֶ֖ה אָֽתְּ׃

12 וְהָיָ֗ה כִּֽי־יִרְא֤וּ אֹתָךְ֙ הַמִּצְרִ֔ים וְאָמְר֖וּ אִשְׁתּ֣וֹ זֹ֑את

וְהָרְג֥וּ אֹתִ֖י וְאֹתָ֥ךְ יְחַיּֽוּ׃

13 אִמְרִי־נָא אֲחֹתִי אָתְּ לְמַעַן יִֽיטַב־לִי בַעֲבוּרֵךְ

וְחָיְתָה נַפְשִׁי בִּגְלָלֵךְ׃

CHAPTER 18

Exercise 18—Genesis 22.1-14

1 וַיְהִ֗י אַחַר֙ הַדְּבָרִ֣ים הָאֵ֔לֶּה וְהָ֣אֱלֹהִ֔ים נִסָּ֖ה אֶת־אַבְרָהָ֑ם

וַיֹּ֣אמֶר אֵלָ֔יו אַבְרָהָ֖ם וַיֹּ֥אמֶר הִנֵּֽנִי׃

2 וַיֹּ֡אמֶר קַח־נָ֠א אֶת־בִּנְךָ֨ אֶת־יְחִֽידְךָ֤ אֲשֶׁר־אָהַ֙בְתָּ֙ אֶת־יִצְחָ֔ק

וְלֶךְ־לְךָ֔ אֶל־אֶ֖רֶץ הַמֹּרִיָּ֑ה וְהַעֲלֵ֤הוּ שָׁם֙ לְעֹלָ֔ה

עַ֚ל אַחַ֣ד הֶֽהָרִ֔ים אֲשֶׁ֖ר אֹמַ֥ר אֵלֶֽיךָ׃

3 וַיַּשְׁכֵּם אַבְרָהָם בַּבֹּקֶר וַיַּחֲבֹשׁ אֶת־חֲמֹרוֹ

וַיִּקַּח אֶת־שְׁנֵי נְעָרָיו אִתּוֹ וְאֵת יִצְחָק בְּנוֹ וַיְבַקַּע עֲצֵי עֹלָה

וַיָּקָם וַיֵּלֶךְ אֶל־הַמָּקוֹם אֲשֶׁר־אָמַר־לוֹ הָאֱלֹהִים׃

4 בַּיּוֹם הַשְּׁלִישִׁי וַיִּשָּׂא אַבְרָהָם אֶת־עֵינָיו וַיַּרְא אֶת־הַמָּקוֹם מֵרָחֹק׃

5 וַיֹּאמֶר אַבְרָהָם אֶל־נְעָרָיו שְׁבוּ־לָכֶם פֹּה עִם־הַחֲמוֹר

וַאֲנִי וְהַנַּעַר נֵלְכָה עַד־כֹּה וְנִשְׁתַּחֲוֶה וְנָשׁוּבָה אֲלֵיכֶם׃

6 וַיִּקַּ֨ח אַבְרָהָ֜ם אֶת־עֲצֵ֣י הָעֹלָ֗ה וַיָּ֙שֶׂם֙ עַל־יִצְחָ֣ק בְּנ֔וֹ

וַיִּקַּ֣ח בְּיָד֔וֹ אֶת־הָאֵ֖שׁ וְאֶת־הַֽמַּאֲכֶ֑לֶת וַיֵּלְכ֥וּ שְׁנֵיהֶ֖ם יַחְדָּֽו׃

7 וַיֹּ֨אמֶר יִצְחָ֜ק אֶל־אַבְרָהָ֤ם אָבִיו֙ וַיֹּ֣אמֶר אָבִ֔י

וַיֹּ֖אמֶר הִנֶּ֣נִּֽי בְנִ֑י וַיֹּ֗אמֶר הִנֵּ֤ה הָאֵשׁ֙ וְהָ֣עֵצִ֔ים וְאַיֵּ֥ה הַשֶּׂ֖ה לְעֹלָֽה׃

8 וַיֹּ֙אמֶר֙ אַבְרָהָ֔ם אֱלֹהִ֞ים יִרְאֶה־לּ֥וֹ הַשֶּׂ֛ה לְעֹלָ֖ה בְּנִ֑י

וַיֵּלְכ֥וּ שְׁנֵיהֶ֖ם יַחְדָּֽו׃

⁹ וַיָּבֹ֙אוּ֙ אֶל־הַמָּק֔וֹם אֲשֶׁ֥ר אָֽמַר־ל֖וֹ הָאֱלֹהִים֒

וַיִּ֨בֶן שָׁ֤ם אַבְרָהָם֙ אֶת־הַמִּזְבֵּ֔חַ וַֽיַּעֲרֹ֖ךְ אֶת־הָעֵצִ֑ים

וַֽיַּעֲקֹד֙ אֶת־יִצְחָ֣ק בְּנ֔וֹ

וַיָּ֤שֶׂם אֹתוֹ֙ עַל־הַמִּזְבֵּ֔חַ מִמַּ֖עַל לָעֵצִֽים:

¹⁰ וַיִּשְׁלַ֤ח אַבְרָהָם֙ אֶת־יָד֔וֹ וַיִּקַּ֖ח אֶת־הַֽמַּאֲכֶ֑לֶת לִשְׁחֹ֖ט אֶת־בְּנֽוֹ:

¹¹ וַיִּקְרָ֨א אֵלָ֜יו מַלְאַ֤ךְ יְהוָה֙ מִן־הַשָּׁמַ֔יִם

וַיֹּ֗אמֶר אַבְרָהָ֥ם ׀ אַבְרָהָ֑ם וַיֹּ֖אמֶר הִנֵּֽנִי׃

12 וַיֹּ֗אמֶר אַל־תִּשְׁלַ֤ח יָֽדְךָ֙ אֶל־הַנַּ֔עַר וְאַל־תַּ֥עַשׂ ל֖וֹ מְא֑וּמָּה

כִּ֣י ׀ עַתָּ֣ה יָדַ֗עְתִּי כִּֽי־יְרֵ֤א אֱלֹהִים֙ אַ֔תָּה

וְלֹ֥א חָשַׂ֛כְתָּ אֶת־בִּנְךָ֥ אֶת־יְחִֽידְךָ֖ מִמֶּֽנִּי׃

13 וַיִּשָּׂ֨א אַבְרָהָ֜ם אֶת־עֵינָ֗יו וַיַּרְא֙

וְהִנֵּה־אַ֔יִל אַחַ֕ר נֶאֱחַ֥ז בַּסְּבַ֖ךְ בְּקַרְנָ֑יו

וַיֵּ֣לֶךְ אַבְרָהָ֗ם וַיִּקַּ֣ח אֶת־הָאַ֔יִל וַיַּעֲלֵ֥הוּ לְעֹלָ֖ה תַּ֥חַת בְּנֽוֹ׃

14 וַיִּקְרָ֧א אַבְרָהָ֛ם שֵֽׁם־הַמָּק֥וֹם הַה֖וּא יְהוָ֣ה ׀ יִרְאֶ֑ה

אֲשֶׁר֙ יֵאָמֵ֣ר הַיּ֔וֹם בְּהַ֥ר יְהוָ֖ה יֵרָאֶֽה׃

Chapter 19

Exercise 19—Genesis 37.1-18

1 וַיֵּ֣שֶׁב יַעֲקֹ֔ב בְּאֶ֖רֶץ מְגוּרֵ֣י אָבִ֑יו בְּאֶ֖רֶץ כְּנָֽעַן׃

2 אֵ֣לֶּה ׀ תֹּלְד֣וֹת יַעֲקֹ֗ב

יוֹסֵ֞ף בֶּן־שְׁבַֽע־עֶשְׂרֵ֤ה שָׁנָה֙ הָיָ֨ה רֹעֶ֤ה אֶת־אֶחָיו֙ בַּצֹּ֔אן

וְה֣וּא נַ֗עַר אֶת־בְּנֵ֛י בִלְהָ֛ה וְאֶת־בְּנֵ֥י זִלְפָּ֖ה נְשֵׁ֣י אָבִ֑יו

וַיָּבֵ֥א יוֹסֵ֛ף אֶת־דִּבָּתָ֥ם רָעָ֖ה אֶל־אֲבִיהֶֽם׃

³ וְיִשְׂרָאֵ֗ל אָהַ֤ב אֶת־יוֹסֵף֙ מִכָּל־בָּנָ֔יו כִּֽי־בֶן־זְקֻנִ֥ים ה֖וּא ל֑וֹ

וְעָ֥שָׂה ל֖וֹ כְּתֹ֥נֶת פַּסִּֽים׃

⁴ וַיִּרְא֣וּ אֶחָ֗יו כִּֽי־אֹת֞וֹ אָהַ֤ב אֲבִיהֶם֙ מִכָּל־אֶחָ֔יו

וַֽיִּשְׂנְא֖וּ אֹת֑וֹ וְלֹ֥א יָכְל֖וּ דַּבְּר֥וֹ לְשָׁלֹֽם׃

⁵ וַיַּחֲלֹ֤ם יוֹסֵף֙ חֲל֔וֹם וַיַּגֵּ֖ד לְאֶחָ֑יו וַיּוֹסִ֥פוּ ע֖וֹד שְׂנֹ֥א אֹתֽוֹ׃

⁶ וַיֹּ֖אמֶר אֲלֵיהֶ֑ם שִׁמְעוּ־נָ֕א הַחֲל֥וֹם הַזֶּ֖ה אֲשֶׁ֥ר חָלָֽמְתִּי׃

⁷ וְהִנֵּה אֲנַחְנוּ מְאַלְּמִים אֲלֻמִּים בְּתוֹךְ הַשָּׂדֶה

וְהִנֵּה קָמָה אֲלֻמָּתִי וְגַם־נִצָּבָה וְהִנֵּה תְסֻבֶּינָה אֲלֻמֹּתֵיכֶם

וַתִּשְׁתַּחֲוֶיןָ לַאֲלֻמָּתִי:

⁸ וַיֹּאמְרוּ לוֹ אֶחָיו הֲמָלֹךְ תִּמְלֹךְ עָלֵינוּ אִם־מָשׁוֹל תִּמְשֹׁל בָּנוּ

וַיּוֹסִפוּ עוֹד שְׂנֹא אֹתוֹ עַל־חֲלֹמֹתָיו וְעַל־דְּבָרָיו:

⁹ וַיַּחֲלֹם עוֹד חֲלוֹם אַחֵר וַיְסַפֵּר אֹתוֹ לְאֶחָיו

וַיֹּאמֶר הִנֵּה חָלַמְתִּי חֲלוֹם עוֹד וְהִנֵּה הַשֶּׁמֶשׁ וְהַיָּרֵחַ

וְאַחַד עָשָׂר כּוֹכָבִים מִשְׁתַּחֲוִים לִי:

¹⁰ וַיְסַפֵּר אֶל־אָבִיו וְאֶל־אֶחָיו וַיִּגְעַר־בּוֹ אָבִיו

וַיֹּאמֶר לוֹ מָה הַחֲלוֹם הַזֶּה אֲשֶׁר חָלָמְתָּ

הֲבוֹא נָבוֹא אֲנִי וְאִמְּךָ וְאַחֶיךָ לְהִשְׁתַּחֲוֺת לְךָ אָרְצָה:

¹¹ וַיְקַנְאוּ־בוֹ אֶחָיו וְאָבִיו שָׁמַר אֶת־הַדָּבָר:

12 וַיֵּלְכ֖וּ אֶחָ֑יו לִרְע֛וֹת אֶׄתׄ־צֹ֥אן אֲבִיהֶ֖ם בִּשְׁכֶֽם׃

13 וַיֹּ֨אמֶר יִשְׂרָאֵ֜ל אֶל־יוֹסֵ֗ף הֲל֤וֹא אַחֶ֙יךָ֙ רֹעִ֣ים בִּשְׁכֶ֔ם

לְכָ֖ה וְאֶשְׁלָחֲךָ֣ אֲלֵיהֶ֑ם וַיֹּ֥אמֶר ל֖וֹ הִנֵּֽנִי׃

14 וַיֹּ֣אמֶר ל֗וֹ לֶךְ־נָ֨א רְאֵ֜ה אֶת־שְׁל֤וֹם אַחֶ֙יךָ֙ וְאֶת־שְׁל֣וֹם הַצֹּ֔אן

וַהֲשִׁבֵ֖נִי דָּבָ֑ר וַיִּשְׁלָחֵ֙הוּ֙ מֵעֵ֣מֶק חֶבְר֔וֹן וַיָּבֹ֖א שְׁכֶֽמָה׃

15 וַיִּמְצָאֵ֣הוּ אִ֔ישׁ וְהִנֵּ֥ה תֹעֶ֖ה בַּשָּׂדֶ֑ה

וַיִּשְׁאָלֵ֧הוּ הָאִ֛ישׁ לֵאמֹ֖ר מַה־תְּבַקֵּֽשׁ׃

16 וַיֹּ֕אמֶר אֶת־אַחַ֖י אָנֹכִ֣י מְבַקֵּ֑שׁ הַגִּֽידָה־נָּ֣א לִ֔י אֵיפֹ֖ה הֵ֥ם רֹעִֽים׃

17 וַיֹּ֤אמֶר הָאִישׁ֙ נָסְע֣וּ מִזֶּ֔ה כִּ֤י שָׁמַ֙עְתִּי֙ אֹֽמְרִ֔ים נֵֽלְכָ֖ה דֹּתָ֑יְנָה

וַיֵּ֤לֶךְ יוֹסֵף֙ אַחַ֣ר אֶחָ֔יו וַיִּמְצָאֵ֖ם בְּדֹתָֽן׃

18 וַיִּרְא֥וּ אֹת֖וֹ מֵרָחֹ֑ק וּבְטֶ֙רֶם֙ יִקְרַ֣ב אֲלֵיהֶ֔ם וַיִּֽתְנַכְּל֥וּ אֹת֖וֹ לַהֲמִיתֽוֹ׃

CHAPTER 20

Exercise 20—Job 1.1-12

1 אִ֛ישׁ הָיָ֥ה בְאֶֽרֶץ־ע֖וּץ אִיּ֣וֹב שְׁמ֑וֹ

וְהָיָ֣ה ׀ הָאִ֣ישׁ הַה֗וּא תָּ֧ם וְיָשָׁ֛ר וִירֵ֥א אֱלֹהִ֖ים וְסָ֥ר מֵרָֽע׃

2 וַיִּוָּ֥לְדוּ ל֛וֹ שִׁבְעָ֥ה בָנִ֖ים וְשָׁל֥וֹשׁ בָּנֽוֹת׃

3 וַיְהִ֣י מִ֠קְנֵהוּ שִֽׁבְעַ֨ת אַלְפֵי־צֹ֜אן וּשְׁל֧שֶׁת אַלְפֵ֣י גְמַלִּ֗ים

וַחֲמֵ֨שׁ מֵא֤וֹת צֶֽמֶד־בָּקָר֙ וַחֲמֵ֣שׁ מֵא֣וֹת אֲתוֹנ֔וֹת וַעֲבֻדָּ֖ה רַבָּ֣ה מְאֹ֑ד

וַֽיְהִי֙ הָאִ֣ישׁ הַה֔וּא גָּד֖וֹל מִכָּל־בְּנֵי־קֶֽדֶם׃

4 וְהָלְכ֤וּ בָנָיו֙ וְעָשׂ֣וּ מִשְׁתֶּ֔ה בֵּ֖ית אִ֣ישׁ יוֹמ֑וֹ וְשָׁלְח֗וּ

וְקָרְאוּ֙ לִשְׁלֹ֣שֶׁת אַחְיֹתֵיהֶ֔ם לֶאֱכֹ֥ל וְלִשְׁתּ֖וֹת עִמָּהֶֽם׃

5 וַיְהִ֡י כִּ֣י הִקִּיפֽוּ֩ יְמֵ֨י הַמִּשְׁתֶּ֜ה וַיִּשְׁלַ֧ח אִיּ֣וֹב וַֽיְקַדְּשֵׁ֗ם

וְהִשְׁכִּ֣ים בַּבֹּ֘קֶר֮ וְהֶעֱלָ֣ה עֹלוֹת֮ מִסְפַּ֣ר כֻּלָּם֒

כִּ֚י אָמַ֣ר אִיּ֔וֹב אוּלַי֙ חָטְא֣וּ בָנַ֔י וּבֵרְכ֥וּ אֱלֹהִ֖ים בִּלְבָבָ֑ם

כָּכָה יַעֲשֶׂה אִיּוֹב כָּל־הַיָּמִים: פ

⁶ וַיְהִי הַיּוֹם וַיָּבֹאוּ בְּנֵי הָאֱלֹהִים לְהִתְיַצֵּב עַל־יְהוָה

וַיָּבוֹא גַם־הַשָּׂטָן בְּתוֹכָם:

⁷ וַיֹּאמֶר יְהוָה אֶל־הַשָּׂטָן מֵאַיִן תָּבֹא וַיַּעַן הַשָּׂטָן אֶת־יְהוָה

וַיֹּאמַר מִשּׁוּט בָּאָרֶץ וּמֵהִתְהַלֵּךְ בָּהּ:

⁸ וַיֹּאמֶר יְהוָה אֶל־הַשָּׂטָן הֲשַׂמְתָּ לִבְּךָ עַל־עַבְדִּי אִיּוֹב

כִּי אֵין כָּמֹהוּ בָּאָרֶץ אִישׁ תָּם וְיָשָׁר יְרֵא אֱלֹהִים וְסָר מֵרָע׃

9 וַיַּעַן הַשָּׂטָן אֶת־יְהוָה וַיֹּאמַר הַחִנָּם יָרֵא אִיּוֹב אֱלֹהִים׃

10 הֲלֹא־אַתָּה שַׂכְתָּ בַעֲדוֹ וּבְעַד־בֵּיתוֹ וּבְעַד כָּל־אֲשֶׁר־לוֹ מִסָּבִיב

מַעֲשֵׂה יָדָיו בֵּרַכְתָּ וּמִקְנֵהוּ פָּרַץ בָּאָרֶץ׃

11 וְאוּלָם שְׁלַח־נָא יָדְךָ וְגַע בְּכָל־אֲשֶׁר־לוֹ אִם־לֹא עַל־פָּנֶיךָ יְבָרְכֶךָּ׃

12 וַיֹּאמֶר יְהוָה אֶל־הַשָּׂטָן הִנֵּה כָל־אֲשֶׁר־לוֹ בְּיָדֶךָ

רַק אֵלָיו אַל־תִּשְׁלַח יָדֶךָ וַיֵּצֵא הַשָּׂטָן מֵעִם פְּנֵי יְהוָה׃

CHAPTER 21

Exercise 21—1 Samuel 1.1-14

1 וַיְהִי֩ אִ֨ישׁ אֶחָ֜ד מִן־הָרָמָתַ֛יִם צוֹפִ֖ים מֵהַ֣ר אֶפְרָ֑יִם

וּשְׁמ֡וֹ אֶ֠לְקָנָה בֶּן־יְרֹחָ֧ם בֶּן־אֱלִיה֛וּא בֶּן־תֹּ֥חוּ בֶן־צ֖וּף אֶפְרָתִֽי׃

2 וְל֗וֹ שְׁתֵּ֣י נָשִׁ֔ים שֵׁ֤ם אַחַת֙ חַנָּ֔ה וְשֵׁ֥ם הַשֵּׁנִ֖ית פְּנִנָּ֑ה

וַיְהִ֤י לִפְנִנָּה֙ יְלָדִ֔ים וּלְחַנָּ֖ה אֵ֥ין יְלָדִֽים׃

3 וְעָלָה֩ הָאִ֨ישׁ הַה֤וּא מֵעִירוֹ֙ מִיָּמִ֣ים ׀ יָמִ֔ימָה לְהִשְׁתַּחֲוֺ֧ת

וְלִזְבֹּחַ לַיהוָה צְבָאוֹת בְּשִׁלֹה

וְשָׁם שְׁנֵי בְנֵי־עֵלִי חָפְנִי וּפִנְחָס כֹּהֲנִים לַיהוָה׃

⁴ וַיְהִי הַיּוֹם וַיִּזְבַּח אֶלְקָנָה

וְנָתַן לִפְנִנָּה אִשְׁתּוֹ וּלְכָל־בָּנֶיהָ וּבְנוֹתֶיהָ מָנוֹת׃

⁵ וּלְחַנָּה יִתֵּן מָנָה אַחַת אַפָּיִם כִּי אֶת־חַנָּה אָהֵב וַיהוָה סָגַר רַחְמָהּ׃

⁶ וְכִעֲסַתָּה צָרָתָהּ גַּם־כַּעַס בַּעֲבוּר הַרְּעִמָהּ

כִּֽי־סָגַ֥ר יְהוָ֖ה בְּעַ֥ד רַחְמָֽהּ׃

7 וְכֵ֨ן יַעֲשֶׂ֜ה שָׁנָ֣ה בְשָׁנָ֗ה מִדֵּ֛י עֲלֹתָהּ֙ בְּבֵ֣ית יְהוָ֑ה

כֵּ֣ן תַּכְעִסֶ֔נָּה וַתִּבְכֶּ֖ה וְלֹ֥א תֹאכַֽל׃

8 וַיֹּ֨אמֶר לָ֜הּ אֶלְקָנָ֣ה אִישָׁ֗הּ חַנָּה֙ לָ֣מֶה תִבְכִּ֗י וְלָ֙מֶה֙ לֹ֣א תֹֽאכְלִ֔י

וְלָ֖מֶה יֵרַ֣ע לְבָבֵ֑ךְ הֲל֤וֹא אָֽנֹכִי֙ ט֣וֹב לָ֔ךְ מֵעֲשָׂרָ֖ה בָּנִֽים׃

9 וַתָּ֣קָם חַנָּ֔ה אַחֲרֵ֛י אָכְלָ֥ה בְשִׁלֹ֖ה וְאַחֲרֵ֣י שָׁתֹ֑ה

וְעֵלִ֣י הַכֹּהֵ֗ן יֹשֵׁב֙ עַל־הַכִּסֵּ֔א עַל־מְזוּזַ֖ת הֵיכַ֥ל יְהוָֽה׃

10 וְהִ֖יא מָ֣רַת נָ֑פֶשׁ וַתִּתְפַּלֵּ֥ל עַל־יְהוָ֖ה וּבָכֹ֥ה תִבְכֶּֽה׃

11 וַתִּדֹּ֨ר נֶ֜דֶר וַתֹּאמַ֗ר יְהוָ֨ה צְבָא֜וֹת אִם־רָאֹ֥ה תִרְאֶ֣ה ׀ בָּעֳנִ֣י אֲמָתֶ֗ךָ

וּזְכַרְתַּ֙נִי֙ וְלֹֽא־תִשְׁכַּ֣ח אֶת־אֲמָתֶ֔ךָ וְנָתַתָּ֥ה לַאֲמָתְךָ֖ זֶ֣רַע אֲנָשִׁ֑ים

וּנְתַתִּ֤יו לַֽיהוָה֙ כָּל־יְמֵ֣י חַיָּ֔יו וּמוֹרָ֖ה לֹא־יַעֲלֶ֥ה עַל־רֹאשֽׁוֹ׃

12 וְהָיָה֙ כִּ֣י הִרְבְּתָ֔ה לְהִתְפַּלֵּ֖ל לִפְנֵ֣י יְהוָ֑ה וְעֵלִ֖י שֹׁמֵ֥ר אֶת־פִּֽיהָ׃

13 וְחַנָּ֗ה הִ֚יא מְדַבֶּ֣רֶת עַל־לִבָּ֔הּ רַ֚ק שְׂפָתֶ֣יהָ נָּע֔וֹת וְקוֹלָ֖הּ לֹ֣א יִשָּׁמֵ֑עַ

וַיַּחְשְׁבֶ֥הָ עֵלִ֖י לְשִׁכֹּרָֽה׃

14 וַיֹּ֤אמֶר אֵלֶ֙יהָ֙ עֵלִ֔י עַד־מָתַ֖י תִּשְׁתַּכָּרִ֑ין הָסִ֥ירִי אֶת־יֵינֵ֖ךְ מֵעָלָֽיִךְ׃

Printed in Great Britain
by Amazon

59842910R00074